AF295193

Ari Terävä

vähenevän kuun aika

Runoja

© Ari Terävä
Kustantaja: BoD · Books on Demand,
Mannerheimintie 12 B, 00100 Helsinki,
bod@bod.fi
Kirjapaino: Libri Plureos GmbH,
Friedensallee 273, 22763 Hampuri, Saksa
ISBN: 978-952-80-6377-3

tyttärille

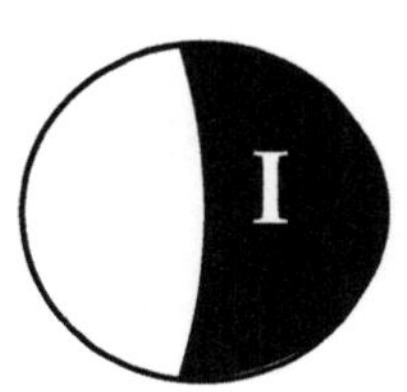

I

GROQUISIA METSÄSSÄ

hiekkaiset tiet täällä päättyvät
aina kartanoiden pihamaille
ja lohkomailla ojan kautta
voi oikaista polulle takaisin
metsän piilossa on hovi
eikä yhtäkään puuta
omista kukaan ja minä olen
asettunut niiden katveeseen
pikapiirroksia tekemään

sateen jäljessä
voi nähdä taitavasti
tikatut sammalet
ja koivun oksista
kultaiset kiharat
valossa sirisevää
antiikkista pitsiä

metsä on täynnä
yksinäisinä yksilöinä
katajia kun pihlaja vain
kietonut sen syleilyynsä
kuin ihmisen puolikkaan
säilyäkseen hengissä
näissä pidoissa

taivas nojaa hellästi
kuusen kylkeen hitaat
askelet maata myöten
ei metsässä kasvaminen
lopu koskaan ja yö on
käymässä vierailulla
säännöllisesti

olen oppinut lukemaan
vanhojen metsien merkit
ymmärtämään ajattomuudessa
puiden naavaiset tarinat ovat
katajan eivät ihmisten tekoa
ja liikettä hiljaisuudessa
kuten ainaisesti
tarinan kaltaisina

puut seisovat seininä
kannatellen taivasta kattonaan
unohtamatta etsin sitä
kultaista pistettä
jossa arvokkuus on paikka
suistaa pois ainaisen
taipumukseni tietämiseen
sekä itsekkyyteen
kun tuuli puhaltaa
oksista yön tähteet

kuuntelen metsän huokailua
toivoen sen hyväilevän minua
levolliseksi ymmärtämään
vanhoja tarinoita
maan ja ilman mitassa
ihmisen historian mitassa
ja tämän metsän
ikuisilla merkityksillä

onko liian varhaista vai
joko on omenapuun sato
kypsymässä ajassa
jo etääntyvät linnut
tahtovat kanssani laulaa
suurta taidetta niin
korkeita nuotteja
että kaukaisetkin hiljenevät
kuutelemaan ääneti

metsän mykkyydessä
kohoaa tuo vanha
kuusipuu juurillaan kaikki
maailman kaipaukset
ja seuranaan lepäävät
kaadettujen puiden rungot
kelojen röykkiö sylissään
tummiksi kalpenevat
sienet sikiävät

olenko löytänyt ihmisen
ikimetsän ja pienen joen
tuoksua häikäisevän niityn
armollisuutta katseissa
auringon heloa ennen
hämärtyvää iltaa sanoissa
tilaan kietoutuneena
ja jonkun aikakauden
ikuisiin kysymyksiin

metsän ja maiseman
kokonaisuudessa on osiaan
enemmän katsoa metsää
katsoessaan nähdä miten luo
itsensä ja puut metsässä
nähdä metsä joka synnyttää
minut en minä puita
metsää ja maisemaa
ole kuvitellut

tuoksusta tietää hitaasti
maatuvat kukat metsässä
ja terhakkaat sieniryppäät
kertakäyttöinen saattojoukko
kuin rippileivät mättäillä
aamussa kevyesti höyryävät
sammalet olomuotonsa tähtihetkiä
olemme kovin yksinäisiä yhdessä
näkemättä siinä mitään ikävää

ikimännikössä on rajuutta
jolle niin kovin harvat saavat
nöyrtyä ja pyhien joukkoon
ilmamassat vaeltavat
sadepisarat putoavat
saadakseen virrata vapaaksi
kaste pesii ikkunalautaan
en voi katsoa samaa virtaa
yksinkertaisesti kahdesti

II

PERFEKTINEN LAPSUUS

tästä pisteestä katson lapsuutta hetkinä
    olen paikassa kun sodan ääni on haihtunut
    ja lapset sikiintyneet sienimatoksi
vapautuvassa uuden kuun ajassa kokijaa ei
        ole enää mukana tällä matkalla
                vain veljet kesän maassa
pieni poika vihreällä kankaalla haaveilemassa
    lapsuutta jonka nyt jo tiedän
            luopumisen aluksi ei muuta ikuista
    kuin sattumalta periytyvät tapahtumat
        mutta lentokoneet eivät tiputa enää
    lentolehtisiä vaikka lapsijoukot vilkuttavat
            rallattaen aina toiveikkaina
        tietämättä touhun perimmäistä tarkoitusta

kaskiniityllä metsän laidassa
ajattelematta enää mitään kaaoksesta elämässä
kun lapset oli lähetetty ruotsiin
ilman tuskaisten kertomusten perintöä
maailma järjestyy itsestään kun epäjärjestys
torjutaan vaikka mitättömäksi kasvaneena
vailla velvoitetta ja vapautta
raajattomat miehet sulautuvat joukkoon uimarannoilla
yleislakon aikaan surulliset katseet
öljylampun värisevässä valossa veli veljien joukossa
laiduntavana metsäkaurislaumana
ikuisilta tuntuvat nämä hetket ilman oikeutta mihinkään
kovin kaukana pastoraalisesta ihanteesta
ja hymypoikapatsaasta

kuinka kevään vihreä
kangas näin yksinkertaisesti voi
olla tekemättä varpaisiini kesää
kasvaa rohkeasti sirkkalehti edellä
mehän juuri kuulumme tähän kauteen
aikaan sopuisasti yhdessä ja kaikki
julkeasti hyväksyen myös ihmiset ja hänetkin
naapuriin islantilaisen valaanpyytäjän
somistamassa mökin seinät punaisella ruusutapetilla
kyllähän se muutti ja alensi vuokrausarvoa
liiterin seinustalla kolme ja puolisatanan java
veli nukkuu vintillä esikoisoikeudella
pitkälle syksyyn sahanpuruilla
vanha venäläinen vasenkätinen
kitara kainalossaan

puisessa talossa keväät syksyt
        ruskeat rautaiset hetekat levitetään
        kolisten joka ilta
ahon laidalla on kulotuksen jälkeisiä savumuistoja
        tässä mielen päällä huoletta
        menneistä ja tulevasta tietämättä
        parannellen syksyllä murtunutta käsivarttaan
kun äiti oli kurkottanut ikkunalaudan yli
        ja nyt mustikat kuivuivat siinä
        säilöön uunipellillä auringon lämmössä
        kukkien tuoksu vihloo sieraimissa
        äiti tuo ensimmäisen kesän
        kypsän mansikan
        minulle ehkä viimeisen
kesän symbolina

elämän keväässä
      lempeää lapsuutta
ja valoisammat yöt
      laikulliset kuun kasvot
      kosmisessa keinussaan
aamuyöllä tuijotamme vostokin lentoa
mustaa taivasta halkova ihme
      nimettynä lastot`ska avaruuslinnuksi
pääskysen aika ei vielä ole

ja helteiset päivät ja ukkoskesä
kumpupilviä kirjailtu äidin essussa
2807 rekisteröityä salamaa
kun lämpimät päivät viilenevät
aurinko nojaillee metsän reunustaa

emakon veri pulppusi emaliämpäriin
ja uudet possut olivat jo kasvamassa
en syönyt palttua lavian sahdista
punaposkisten poikien kanssa
ja tyttären piirteet valoa vasten
piirsin ruutuvihkoon
aihettaan näköisemmät kasvot

pienten kangassinisiipisten parvi

leikittelemässä kaivon edustan kosteassa
isäpuoli lähetti vaaksan levyisen koivun lehden
seuralehden kesäkilpailuun
tapojensa mukaisesti
suurin palkkio-odotuksin

kollikissa roikottaa saalismyyrää
leikkikaluksi permannolla ei vielä ravinnoksi
minä tahdon vielä vajain käsivarsin
rutistaa syliäni suurempaa pilveä
setä antoi kaljupäisen miehen kuvan
    sanoi äänestävänsä kansandemokraatteja
saunan kivijalka on kellahtanut kumoon
talo on täynnä haaveilijoita sanoo äiti
veli soittaa lainahaitaria
saunakammarissa rantakoivun alla
uudelleen ja uudelleen

lääkärileikissä naapurin tytön kanssa
korkeassa heinikossa vanhan kauhtanan alla
viattomuutta tutkimassa
ja pissan tuoksua

värisevänä peilikuvana kaivoon kasvot
kiinnostunut kurkistaja
sammakon maailmankuvana
pohjaveden heijastus taivaisiin kuilukaivon kehyksissä
selän taakse lipuvia pilviä unien tavoin
avaruuden sylissä syöksyen
tähtien sekaan haaveilut
valaistuneiden taivaankappaleiden tykö
kuplivaa onnea ja ensimmäinen ikävä
kun naapurin poika muuttaa kanadaan

öljylampun tuoksussa
arjen resonanssissa toivon sävyjä
väristen ympärillä
ainaisuuden tavoin

tuuli on taipunut kaarelle ajan yli
kaikki miehet ovat kirvesmiehiä
naiset keittäjiä tai kotiäitejä tai leskiä
mehiläisen pisto jalkapohjassa
koituu niiden kuolemaksi
pihan korkeassa heinikossa
rimpuilee kissa sylissäni ja koko kylän kakaralauma
rolleikamerastaan ylpeä päivämies on työlaitoksessa
oppinut ruokkomaksuja lusiessaan höyryttämään
apilatupsukoristeita sohvatyyrynpäällisiin
kärpäset ja muut lentävät elävät yhdessä
hyvä niin
hyvä niin

veljien riisiviinaämpäri kuplii
olohuoneen muurin kupeessa
talvi on tullut ja rahvaan juhlat ovat tulossa
kaikki saavat ilman etikettiä juopua
pihassa öljylyhdyt ovat valmiina
hiihdän koulusta kädet kohmeessa
abloy aukeaa tulitikuilla lämmittämällä
hiljaisen kodin kohdussa
edamvoileipää vatsallaan lattialla
sarjakuvia tavaten
pip-sa pip-pu-rin metkuja
amerikan mailla

suomikonepistoolin pyöreä panoslipas
on löytynyt liiterin sahapukin takaa
kenttäharmaa tuokio
elämässä ja konstaapeli kuljettaa
löydöksen kuin viimeisen muiston taisteluista
prologina muutoksen draamaan
lokakuun sävyjen kirjaimilla
puutarhassa vaeltaa ikävän hämärä
tulevaisuus on uuden seudun kulisseissa
ilman näyttämöä
haavan lehdet kuiskivat repliikkejä tehden
yksinäiselle vuorosanoja

kohtalon tuulien kopeudessa
pihan haavat kuiskivat epävarmoja jäähyväisiä
etäisen isän tavoin muuntuneena ilmaksi

leijumaan heittäytyneenä muistoksi

oksassa vielä vähän kiinni

hetkeä olen minäkin vielä
vilkuttamassa tällekin ajalle
päättyvälle ja viimeiselle
lapsuudelle hyvästejä

on lähdettävä taas
maisemasta ja ajasta
johon on jo kasvanut joka solullaan
jonka ainutlaatuisuutta en osaa epäillä
paikkaan missä horisontin rajat piirtyvät
karuina uusien kivitalojen
vieraissa ja terävissä varjoissa
kaurapellon etäisyyksissä
kuin olisi odotettavissa jotakin
samankaltaista vaikka
ei ole mitään odotettavaa
aika vain ilmaantuu ja uudet kaverit
vieraita tuttuja

tällaista tämä on
ja lieneekö aina ollutkin …
kaikille meikäläisille ainaista
likeisyydestä etääntymistä
menneisyyttä tässä hetkessä
vuosia on ollut tätä
taas kuuntelen…
lintu puu koira tuuli
mieleni on valmiimpana
lämpö kasvaa jaettaessa
vasta poislähteneenä sen tietää
mihin ei ole paluuta kuin
unien siivin

kauemmin tähtiä katselemalla
tulen uudelleen pienemmäksi
pieneksi palaamalla
korkeaan äitimaan unilauluun
liittymällä vapaammaksi

kauneudessa me vaellamme aina

tähän olen tullut ja tuleva uudelleen
yhtä hyvästinjättöä ja löytämisenriemua on
sattumalta koko eläminen
omaksun tottumusta
menneisiin värssyihin uudessa metsässä

kiven alle käärme kaivaa kolon
sitä emme tiedä tai ymmärrä
jos hyväksi tunnemme olon
ja kivi on lämmin ja sileä

täyttymys on sen
hetken lämmössä

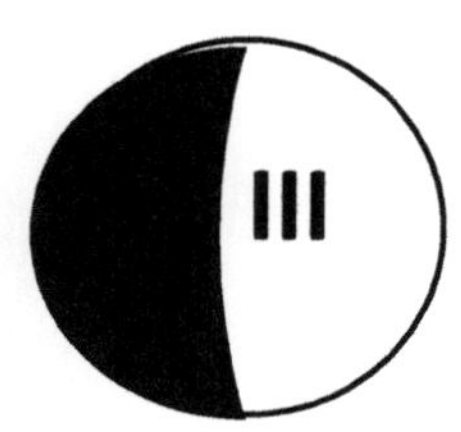

PORTFOLIMERKINTÖJÄ
KADONNEISTA TUOKIOISTA

emme vielä ole hukkuneet muoviin; se oli hyvä alku kansalliselle olemiselle ja jo kolmannen isännän palveluksessa; ei halua sitä muistella jota ei itse muista; itsenäisyyspäivän yönä on pyryttänyt lunta; apatia on ilmestynyt hankeen säikkynä eksyneen kauriin tavoin; bussi ei pääse nietosten läpi ja liikennöitsijän poika on hakattu sairaalakuntoon; alivuokralaisen mukaan lenin tämän meille on antanut eikä hän tarkoita tätä lumimyrskyä; puukirjastosta lainatuista saarikosken säkeistä ei ymmärrä juuri mitään mutta ei kai kirjoja paineta ilman jotain tarkoitusta; olisiko mahdollinen paratiisini enemmän kirjaston kuin ilotalon kaltainen; kirjoja käytetään ja niihin saattaa hullaantua kun nekin laulavat lumoavasti harhauttaen pehmeällä äänellä seireenien tapaan; kirjat saattaa viedä kotiin äidin näytille ja lopulta nekin unohdetaan kenellekään kelpaamattomana ja ryppyisenä poistoina kuten ilotytöt veljen fanny hill piiloniteessä; viisikymmentä ei ole mikään ikä itsenäiselle ja apealle valtiolle saati mikäänlainen perustelu tälle ylevälle tunnelmoinnille globalisoituneessa maailmassa; äiti katseli ikkunasta etäälle sanoi hiljaa että mitähän tästäkin tulee?

6.12.1967

kesken parhaimman nuoruuden on asetuttava työelämään; se on tapa sopeutua yhteiskunnan kaltaiseen normatiiviseen käytäntöön; serkkupoika pantiin vaihtoehdoitta amikseen ja sitä kautta edetään wärtsilän konepajakouluun; serkkutytön paikka taas on kauppakoulussa matkalla stockmannin kassalle; hänen rintansa on jo pehmeä; tutustun olennaiseen ajattelun ja runon perinteeseen vaikka eläminen ja ymmärrys eivät enää ole yhdessä; runous puhuu aina tietystä paikasta ja ajasta; aika on nyt historiallisen muutoksen kohteena; katselen ikkunasta isossa talossa ja kasvatan ymmärrystä maailmasta ja kaaoksesta ja toiseudesta; ihminen on rakentanut asuntonsa tiloihin joista on tullut siten paikkoja; joutomaille on levittäytynyt läikikkäitä epämääräisiä alueita ja kaavoja ja lähiöitä ja ostareita ja metrolinjoja lopulta ilman ihmisen varjoja; asummeko runollisesti ja historiallisesti; identiteettini on hautautunut riittämättömyyden ja nöyryyden hetkiin ja suhde siirtomaihin ja armeijaan ja miekkaan ja lippuun ja kirkkoon ja kuolemaan ja isänmaallisuuteen ja voittoon ja satoihin ja saaliiseen ja pyhään katajapuuhun ovat muuttuneet ja muistini on kehittynyt niin hyväksi että sillä voisin keksiä uudelleen vaikka polkupyörän jos se huvittaisi.

sivustakatsojana kuin moravian runossa on pyrkimyksiä; palavan kakluunin mukavassa tuoksussa tulee jotenkin tietoiseksi ja samalla surulliseksi; etsivän aika on jatkuvia vapaita kokemuksia ja sulautumista pettymyksiin yhtä aikaa halujen kaltaisina sanojen kuvina ja kuulopuheiden maastossa ja kauneuden kaipuuna; tärkeintä on tietoisuus merkityksistä ja toisen todellisuuden häivähdyksistä selkeästi ilman halua tulla ymmärretyksi ja tukehduksiin syleillyksi kuin tietoistuen hiukan ulkoälyllisestä ominaisuudestaan ja itsestään luonnon kanssa ja ilman halua hallita ja erottaa hyvyyttä ja kauneutta toisistaan; kataja on liian kaunis ja hidas kelvatakseen puunjalostusteollisuuden tarpeisiin vaikka on elänyt kauemmin kuin selluloosan tuotanto; juniperus antaa tarkoituksellisia viestejä ilman muotoa sekä mausteen hirvipaistiin ja giniä runoilijan juoda liikaa dublinissakin; en tulisi koskaan ymmärtämään leijonan kieltä vaikka se olisi kyennyt puhumaan kun en voi tietää miten se elää ja mikä on eläimen elämäntapa koska en voi elää sen maailmaa ja antaa sen sanoille merkityksiä; näen rakenteeni; se ei enää kehity paljon ja miksi sen pitäisikään?

rakkaus on oppi jonka nimi ei ole sanastossani käyttökelpoinen ja sen voi unohtaa; se ei ole oppi lainkaan eikä omista napaisuuden olemusta kuten muut värähtelyt joita vältetään tai vastustetaan yleisesti vihalla halveksunnalla tai itsekkyydellä; eläytymisen preesens ja etääntymisen imperfekti elävät kietoutuneena toisiinsa kuin aristofanesin puoliskoaan etsivät muinaiset kun he halkaistuna hakeutuivat ikävästään toistensa luokse ja kietoutuivat syleilemään toisiaan kasvaakseen taas yhteen jotteivat olisi kuolleet nälkään ja janoon näissä pidoissa; ihana neitokainen laskeutuu kylkeen kiharat silmillään kuin ersa kuun jumalattaren tytär; kukka joka hengittää on kaunein luomuksessaan; kun mytologisen palon tulinen läikähdys ei ruumis unohda sitä enää koskaan eikä kuuntele turhia kysymyksiä; voin katsella asioita kuin hyväillen pehmeää ihoa ja puhellen tuulen kielellä ja nähden kuiskauksessa äärettömästi toivoa olemalla niin likellä ja vaatimalla ääneen muutakin kuin itsekkyyttä; aristoteles ilmestyy ajassa jossa on hetki ennen ja jälkeen mutta se ei kerro mitään lukujen muutoksista tai niitä seuraavista tilanteista; aika rajoittuu päivien ja öiden säännöllisinä peräkkäisinä ilmaisuina pallon liikkumisesta tuottaen yleensä aikaa ja huomioita ja noudattaen fyysisiä taipumuksiani elämän laajemmassa ja radikaalimmassa merkityksessä.

sotaisuus voi nitistää nuoruuden eivät turhauttavat unelmat; kun ilmasto on alkanut paksuuntua ikävistä kokemuksista ja turhista lupauksista aikakausi ei ole koskaan valmis kehitykselle; se tapahtuu kun tunnistaa kolonialismin valheita ja tekopyhyyden kasvoja ja oppii maalaamaan naamion takaisia maailmoja; mentaalinen represenraatio voi avata tavan tietää jotakin ulkopuolisuudesta suhteessa yhteiskuntaan ja valtioon; kun ruokopillit lurittelevat toisilleen pitkin pellonpiennarta ja nyökyttävät ymmärrettäviä sonetteja ja hanhet alkavat kutsua hämäryyttä luoksensa; kesälukion sahdin hullaannuttamat nuorukaiset ja neitokaiset tanssivat ilkosillaan heinäpellolla ja kuolemattomat munuaiset eivät välitä tunteiden ja ajatusten todellisista mitoista; intensiteetti on maksimissaan ja yöunet minimissään ja aika kuin rakastelun mittainen oppimäärä; omaksuakseen kaiken tuntuu tuhlaantuvan kävellenkin yksi nuoruus askelten rytmiikkaa seuraten vaikka olisi halu tehdä harppauksia arjessa kuilun yli kahdella loikalla; onneksi meillä on lopultakin järkeä vähemmän kuin huuhkajalla; tapailen avaruuden armahtavia asterismeja kuin salarakasta kielletyillä poluilla kuin kahdeksatta tähteä ison karhun tähtikuvioon.

voiko rintaan kasvaa abstraktioita jotka eivät ole lihasten kaltaisia ja joilla olisi taito ja tunto ja muut aistimukset iäti tempoilevassa maailmassa semanttisesta näkökulmasta; olisiko ammatillinen ura raivattava kuin polkuna viidakkoon järjettömissä touhuissa uskottavan tarinan kaltaiseksi; itse haluaisin nähdä valoisia aikoja ja kehittyä kisällistä mestariksi; kun mieleni ja ruumiini olisi vahvistunut laulun taitajan ankaruudessa niin vasta sitten saattaisin perustaa perheen ja harjaantua antamaan rakkautta jälkeläisille eteenpäin; käsin tehtävät asiat elämisessä ovat tärkeimmät ja todempia eivät voi olla minkään muunlaiset kuin sellaiset jotka saa hankittua kokemalla; krishnamurti oli erkaantunut valtion toiveista ja pyrkinyt täydelliseen kukintaan kehittämällä ja viljelemällä mieltä ja sydäntä ja fyysistä hyvinvointia riisumalla itsensä ja paljastamalla myös toiset nuhteettomuuttaan menettämättä; sekavuus sisältää järjestyksen ainekset ja todellisuus sykkii mytologioissa alati pilkaten traditioista ja auktoriteeteista seuraavia todellisuuden vääristymiä; perhosen siiven värähdys synnyttää älyllistä seismistä elämää aina kiinassa saakka.

kolminumeroiset historiat ovat yhtälailla merkityksettömiä kuin ennenkin vaikka harhamielet maanittelivat uskomaan muuta; itsenäisyyspäivä synnyttää aina uusia ja turhia ritareita ja kaikki on kuten ennenkin; siniristilippu ei hivele silmääni eikä mieltä; ei ole tarvetta erottaa lajikkeita toisistaan kunhan sokeri muuntuu etanoliksi; ilman statusta voi synnyttää iskukykyisen mutta tasapainottoman nuorallatanssijan ja onnettoman ilveilijän; onko äidin murhaaminen paikallaan kun isä ei ole enää lyöntietäisyydellä; pasifistiksi voi kasvaa vaikkei olisi siksi syntynyt; väijyvätkö miehen elämän vietnam ja ankarimmat taistelut juuri haarovälin viidakossa; alitajunnan yhdellä askeleella voin ottaa hänet mukaani vaikka minulla ei ole voimaa vielä kertoa mihin pyrin; haluan pehmentää kaikkea merilevän kaltaiseksi ja aamunkoiton ruokojen kantaisiksi jotka voivat rakentaa valoni suotuisaksi; elämisen outo kulku toisinaan suojelee ja toisinaan vahingoittaa mutta aina jättää omilleen ja oleminen ja päivittäinen leipä jatkuvat ja unohdus ei palaa; olen aina riittämätön; kehitys ei ole onnistunut tällaisina maalla ja merellä eikä ilmastossa; 13,8 miljardia vuotta vanha tahra on kyllä aika tavalla muuttunut ja koivikot tarrautuvat kuitenkin kesään joka syksy.

alan elää maailmassa aistien mukaisesti. silmät värvään oppaaksi kaupungin kaduille lähtiessäni kulkemaan toisten luokse ja hyvien ihmisten tykö; astelen huulillani ja hyppelen nenälläni kuin eksynyt citykani; haistan sataman kohinan ja maistelen ihmisten huminaa; annan sormilleni täydellisen autonomian elää omaa elämäänsä hyväillä ja valjastan ihon nuuhkimaan liikkuvia asioita ja antiikkisia esineitä; istun olemattomissa preverbaalisissa muistoissa yötä myöten tuijottamassa värähtelevän talven ensimmäistä jääkuuta taivaan leijonallisia merkkejä ja villipeuraa; heikkoina hetkinä lähden liukumaan kohti valoisampaa kun aina jossain on joku jolle kertoa kun luulee kuolevansa sillalla syleilyynsä unohtuneena ja kun kaiteella istuu outo lintu ja kolmosen ratikka tulee kolisten katajanokalta säännöllisin välein; lättähattu oli seisahtanut autiolle asemalle tähyilemään turhaan enää sitä neitoa poplarissaan jonka suu oli kuin palttoonnappi; olen enää vain osa luonnon kiertoa ja runoilija joka ymmärtää runebergiä joskus paremmin kuin vaimoa vaikka hänelläkin oli oma tuotantonsa.

vilpittömässä kuplassani ovat sikiintyneet harhaiset luuloni vaikka maailmankaikkeus on pärjännyt hyvin ilman järkeilyäni aikaisemminkin; totuudellisuuden logiikat ovat vain tarinoita ja perustelevat ainoastaan itse itseään; poliittisesti merkityksetön vasemmistokommunistinen liike on perinyt kannettavakseen aikakauden demonisen lipun ja gloorian; kansantalouden saavutusten näyttelyssä näin naudan kokoisen emakon osoituksena reaalisosialismin etevämmyydestä; toveri janajev suuteli kulttuuritalolla suoraan suulle neljäkymmentä miljoonaisen komsomolin muiden nuorten puolesta; sydäntenpunainenarmeijakunta ja ripaskaa tanssiva patsas linkuttavat jo askelissaan; tunnistan että »sinäkin olit siellä ja siksi rakastin sinua ja muistan hiustesi tuoksun!»; missä olit silloin kun cia ampui oudon linnun ja sai kaininmerkin kun pilvenpiirtäjään päättyi matkalaisten lento ja veljeni puberaalisuudessa ja punaviinissä laukaisi pistoolin suuhunsa bozsnia herzegovinassa matkalla meren rantaan ehtimättä poikansa tykö; olitte jo pois kun kerroin vihdoin että rakastin teitä ja ette kuulleet minua vaikka en enää ollut hiljaa; jatkoimme elämää ja unohdimme jälleen; minä täällä muistan teidät meren rannalla ja ystäväni hietalehdossa 266 kortteli 10 rivi 7.

veljet kuollevat yksi kerrallaan ja elämä jatkuu kuin mitään ei olisi ollutkaan ja paljastaa tarkoituksettomuutensa; kirjosiepon läksiäisjuhlissa on toivoa enää palaamisesta aikanaan huhtikuun etelätuulessa kun luonto on jo muuntunut; peurat lähtevät tarhoista ja valtaavat puistot jotka luulimme jo olevan tarkoitettu ihmisille; olemmeko me enää valmiita ottamaan vastuuta ja vastaamaan sellaisiin kysymyksiin joihin ei kukaan ole osannut vastata selkeästi riittämättömäksi syntyneenä kuten sen ruskean tytön kokemus kerto jonka kohtasin vuosia sitten; hiljaisia ovat toiveikkaat sanat ympäristöstä niin hiljaisia että niitä ei korvalla kuule; mikä on voimani odottaa vielä ja mikä tarkoitus pidentää elämää ja onko vahvuuteni keveä vai ovatko lihakseni terästä; autanko itseäni niin paljon kuin pystyin ja mitä voimaa minulla ei ole; lopulta jäävät vain tähdet vahtimaan maiseman rauhaa ja todellisuutta jonka luominen on kalkkiviivoilla mutta vielä kesken ilman tarvetta heittäytyä maaliin; aikamuodoltaan imperfektiset ovat riimit puista ja metsästä ja aina silti keskeneräisiksi jääneitä runoja; mitä merestä osaa kiduksettomana kirjoittaakaan ja vajavaista fonetiikkaa on jokainen kirjoitettu sana vaikka sen vahvistaisin huutomerkeillä ääneen huutaen.

muutokset tapahtuvat itsestään kuten ne aina tapahtuvat kun tehtävän esteet vain poistuvat; kaikki sujuu itsestään kun kulttuuriheeros on surmannut krokotiilihirviön; riittämättömyys on narratiivi ja suhde; lajeiksi erittelemättä tunteisuus kuuluu kaikkeen kuin viha tai ilo ja on välttämätön aivoissa samalla tavalla kuin nälkä tai kuin tietynlainen haju; olemme syntyneet ajattelemaan tylsästi miettimättä millaista olisi olla puoliksi nainen ja puoliksi mies; haluan elää kuin kreikkalaisen mytologian profeetta joka tappoi kaksi käärmettä kepillä ja hänkin oli vain maineeton paimenen ja mitättömän poika ja kuitenkin eli seitsemän sukupolvea; annan itselle tuokioita olla tyhjäpää tai äänekäs tai huokaista onnesta tai istahtaa vartiksi suljetuin silmin vaikeina hetkinä vaikka tuntuu ettei paluuta ole; voin nähdä paremmin kuin paremmin silmien takaista rajatonta riemua hulluuteen asti; annan anteeksi vääryydet ja ilolle kauneutta paksuuntua karkottaen kaikki muuntuneet taudit ja pelot dissosioituneena havaintoherkästi ja ovelasti kuin se pikkurillin kokoinen métis-nymfi joka suisti taivaan ja maan pojan sotavaunut väylältä; kun olalle on jo istahtamassa se perhonen valmiina pyrähtämään keveästi maailman tuuliin on aika sulautua joukkoon ja hylätä tyhjä kotilonsa; onko surusilmäinen ruotsalaistyttö ainoa toivomme?

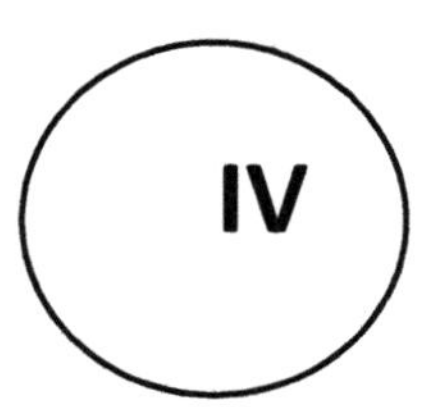

MERENKATSOMUS

syksyssä meren äärellä muistan naisen
halunneen antaa minulle lapsen
hurmaavalle miehelle lapsen
juuri kaltaisensa jotta hän voisi lukea ohikulkijoiden
silmistä kateutta ja muuttolinnun siipipeilistä toivoa
antaa hänelle vanhan nimen
veren suoniin joka ei kuivuisi koskaan
ja vaikka olin vielä kesken kaiken
lapsi oli jo syntynyt ja siitäkin on niin
kauan että olen menettänyt kykyni lisääntyä

tyttäret ovat asuneet äidin kohdussa
saaneet arvojen selkeyden
ja kollektiivisen muistin miettiä ihmisen ja
taiteen kohtaamista
suurten kysymysten voimaa
kehossamme tuhansien vuosien koreografioiden perimänä
ja alitajunnan ymmärtämisenä

naisella on kärsivällisyyttä olla
herkillä uhrauksista jotka ovat jo menneet
aika piirtää tulevan elämän arkkitehtuuria
johon ei ole karttaa olla arkuus
olla lämpö olla viisaus
onko täällä viisautta iltojen pimetessä
tarinoiden hiljaisena huutona huomiseen

kun naisen huulet avautuvat
        kertomaan rakkaudesta lapselle
alkaa kuulua ikävöivää tarinaa asioihin
                        jotka taannoin olivat
            niin läsnäolevia ja menneet ajat
                        ovat kytkeytyneet hetkiinsä
        eivätkä ole koskaan poistuneetkaan
            jatkamasta välttämättöminä

    tyttäret tekivät minusta isän
                        joista minä halusin jatkuvuutta
            vahdinko vain kadonnutta polkua
        haluaisin siivettömälle linnulle
olemuksen kun kaiken itse olen saanut lainaksi
    kukat aikansa kukkivat

        ehkä kaikilla äideillä on taipumus
                        ajatella jotenkin surullisesti
        sen että kun ihmisen lapsi on
            vieroittunut hänen täytyy
lähteä matkalle yksinäisyyteen näkemään itse

    istun portailla ja sokea koira nojaa kylkeeni
    näkemättä päivän sarastusta
                miten yö kypsyy uudeksi aamuksi ehkä

kristinusko marx ja freund ovat
hapertaneet ajattelumme
tässä sitä ollaan tämä
lienee kyllä olemisen tarkoitus
oleminen on yhtä hukassa kuin
ennenkin nautiskelulle siitä missä onkaan mitä tekeekään
ilman epäilyä havaita asioissa eroja jotka tekevät eroja

jo varhain opin tunteen
aistienvaraisen prosessin ja kaikki mitä olen
saanut tietää on tunnetta sitä yhtä ja samaa
tiedän missä asennossa kehoni on
näkemättä sitä itse

minussa on metsä

ja myös meri ja saari ilman virtaus joka etenee aina

näkymättömään merenselkää päämäärään
kauan luulin että näen meren
ahdin aviottomana lapsena
lopulta kuulin miten se puhuu katsoo minua
lempeästi säälillä
nauru ja itku ovat maailman kieltä
nopeinta maailmassa suru ja ilo

isovesi ilveilee tuulen kuvaa
tulevaisuus on paikka jossa elän nyt

hengitän liioitellun hitaasti välkettä
aaltoja tämän kesän västäräkki
taivuttaa kaislan kuin jousen pieni
pilvi lipuu kaukaisesta veneestä kiirii ihmisen puhetta

meri on tullut aikuiseksi ennen meitä
vaikka minä näen sinut ensi kertaa
täyden kuun aikaan
ikäloput rakennukset ovat kuin asettuneet
minun vaeltaa niiden välillä
savuten ajatuksia tai mietteliäänä

pianon kirmailevaa juoksuttelua summer evening walzer
kuin muistelisi taktuaalisesti unohtunutta rakastettua
jonka kanssa samaan vuoteeseen ei enää ole pääsyä
edes unen polkua

koira nuokkuu jaloissa ja havahtelee
pienistäkin liikahduksista ja särkien molskahduksista

merenpinnan rajassa hörpin kolmatta mukillista
pahan makuista purukahvia ei ole parempaa
juttuseuraa toista kuin rupattelevat laineet

laakealla rantakivillä meri on pelto kuikalle ja isälle
joka otti vastuun köyhyyden häpeästä

jokainen valoisakin päivä pimenee yöksi
lopulta aina tulee uusi mahdollisuus katsoa
                        tähtiä ja kauemmin nähdä
kehittymisen pienemmäksi
            voisinpa palata ja tulla vapaaksi
pakolaisia on kuusi miljoonaa enemmän
                        kuin viime vuonna
pimeys väistyy vielä täällä
maailman kolkan reunalla etäällä surullisesta
julistetun meren rantamaisemista

näen lännen kun silmäni ovat auki ja idän
            kun suljen näkemättä todellista miten
aurinko ei jaksakaan puhkaista massiivisia pilviä
kokonaan ja pilkahdukset
                    panevat uskomaan sen olemassaoloon
demonit värisyttelevät meren ihoa
            kuin naisen vatsaa ennen laukeamista

vanhoissa kirjoissa on viestejä rivien välissä ja tuoksussa
löytyykö vielä intoa kohdata jotakin
josta olemme erkaantuneet
            arvailen sen tulevan sieltä mistä auringon on väitetty
nousevan kun pohjoinen
                rakentaa siihen uuden suhteen kirjoitettuna
minuun aivojen lihasten
                        ja alitajunnan välille

itseni olen tänne kutsunut
samettisten kivien syliin
leviltä tuoksuvan tuulen syliin
tuulisen meren rannalla ei voi välittää
ainoan säännön ollessa sattuma ja hetki on aistien havainto

en osaa assosioida heille jotka eivät ole mukanamme
emmekä ole riittävän moninkertaisia selvitäksemme
yksinkertaisimmasta kuivin jaloin

tuulin maan suuntainen ilmavirtaus on osoitettu
kun se saa hiukseni hulmuamaan
rantakalliolla laineet huuhtelevat valheet
sade jaarittelee huojuvien kuusien latvuksissa
metsä on totta kun koivujen kahina kertoo
minkä kokoisia ja värisiä lehdet ovat näen sen
intensiteetin selkeästi silmät ummessa ajatukseni ovat
vaitonaisia ja niin kaukana etten näe niitäkään

kirjoitan värssyä kuvan taakse
jossa kaksi neitoa ilakoi vaalea ja tumma
istuvat selät vastakkain paljaat selät
ja tumma tarjoaa luumua
olan yli vaalean huulille

onhan niin hiljaista että kuulen sydämeni jyskyttävän
etäällä kiljuva lokki

aurinko on palava pallo joka vierii
                    taivaan ylitse joka päivä
pilvisinä päivinä se keskittyy vaikuttamiseen
                    taivaan takaa kuten hänkin
jumalaksi kutsuttu olematon jota ei ole nähty tähän
                              päivään mennessä
tässä maisemassa on kestävää jonka jo hajusta tunnistaa

rantaviivaa ei voi suoraa kulkea
              kulkija saattaa huomata olevansa
kovasti elämässä kiinni

näkemättä aina selkeästi miten aallot suutelevat
                    rantakivien kanssa

merikö meidät on pelastava

haluaisin ostaa palasen merenranta kalliota
                    jotta omatuntoni olisi yhtä puhdas
              kuin suolaisen veden huuhtelemana
löytäisin sen asentoni siinä
                    haluni mukaisen
                    jossa minut huomattaisiin
menehtyneen hukkuneena puhtaudessa
kiduksettoman lajin edustajana

kun merta katsoo kuin katsoisi toista silmiin voi nähdä
              itsensä täyttävän tilan pienillä illoilla

opiskelleena kartanlukutaitoja

tuulen energialähde on aurinko ja aika on pelkkää illuusiota

jospa minulla ei enää olisi kiire minnekään
perille ei ehdi kuitenkaan missään ajassa täällä

ihmiskunnan ominaisuus on haudattu siperian ikijäähän

eikä meitä auta allahu akbar eikä länsimaiset akkusatiivit
luonnon kanssa jäätiköt sulavat
metaanipurkauksiksi tanssimme
vuosikertapolkkaa luonnon kanssa
ja yritämme lisätä vettä mereen

telkkäpari lipuu meren peilillä kuin itsestään
sukeltaen pitkäksi aikaa taas putkahtaen pintaan
kaukana jos minulla on ilmojenlukutaitoa yhtään
huomiseksi veikkaan sadetta
mikäli vanhan kansan ennustuksiin on luottamista

vähän maailmassa olen matkustanut
jalan kuin muuli ja lentäen kuin kurki ja tonnikalan
vauhdilla meriteitse maisemani ulkopuolelle
tunnistanut ainutkertaisen epämukavuuden
ja orpouden läikähdyksen
maailmakin on peili
kylmä ja etääntynyt mutta yhtenäinen meille
emme ole kumpikaan toistemme
kaltaisia eikä ole viisasta olla vihainen kuolleille

eikä eläville kun ainoa selkeä sääntö on yllätys
hetket ovat aistien havainto tässä
millainen on maa taivaan alla
kysytkö vieraalla maalla
kuinka täällä asutaan
entä miten vilja on juurtunut näin karuun maahan
onko teille riittävästi leipää luvassa?
vehnän terveellisyys
ja ohrarievän väärä sitkos
eivät ala näivettää ihmisiä
nostaen sydämen ylevään korkeuteen jauhojen
ja suolan pedillä leipa on
maailman kehittynein kieli jota kaikki
kansat ymmärtävät ilman sanoja
agora museon kirjailtujen viiniastioiden joukossa
on kleroterion arvontalaite osmanivallan ajalla
sillä arvottiin tuomarinvirat
kuin miniatyyri pommitetusta evakuoidusta
rakennuksesta aleppossa
kuin kerrostalon särkyneet ikkunat
aukkorivit huutavat tuskaa
kuin tuokio demokratian historiaa!
arkeologit osaavat määritellä tarkasti
iän kaivauslöydöksensä maanpäälliselle olemiselle
tuhat vuotta ennen ajanlaskumme alkua
maailmankaikkeuden ajassa

he nimittävät pimeäksi aikakaudeksi sitä aikaa
jolloin luku ja kirjoitustaito unohdettiin
jäljellä on jäänyt kauniita ja rumia esineitä
jalkamiina vie vain jalan mutta vääryys koko pään

välimeren kyyneleet ovat sameat
hukkuneen lapsen ruumis on ajautunut turistirannalle
ennen kuin muukalaiset huomenna tulevat
on ajateltava millainen taivas on maan päällä

sokea runoilija oli virittänyt äänet
järjestykseen ja tarinat
ehkä sillä aiolian murteella
jonka tunnistan omalaatuisesti

olen alkanut ajatella sitä yhdeksän kerroksista suppiloa
sen portilla paarmat ja ampiaiset
väijyvät vainajia
ja sen takana oikeamieliset pakanat
kaikki me kastittomat lapset kärsimme ikuista ikävää
joka ei ole todellista tuskaa
se on vielä toisessa maailmassa
ennen pohjimmaista saatanan syliä
tuska ei enää ole oleva edes tulta vaan ikuista jäätä

danten helvetissä pettureiden osastoon kuuluivat
vallanpitäjät lakeijoineen
kaikkien kaltaistensa seurana

ovat pettäneet iäti ja aina hyväntekijänsä
ja lähimmäisensä kuin isänmaan petturit

jotka katsovat toisiaan silmiin voivat nähdä itsensä

kauneus ei tapahdu niin kauan kun itsekkyys elää
pyöveli ei tänään tapa vaan sallii sen
laulakaamme elävien maassa sanoo zimmerman
laulakaamme elävien maassa!

linnut ovat vaienneet jälleen heinäkuussa
paatti vajassa on lahonnut muistoksi
hiljaiseksi päivän merisään päivän hetkeksi
samana päivänä voi kuolla ja syntyä useita
lokikirjanpitoa ei tarvitse harrastaa enää
sää on selkeä ja lämpötila 21,7 °c, kosteus 71 %
tuulen nopeus 4 m/s , suunta koillinen (25 °)
näkyvyys 25 km   (6.7.2011 klo 10.55)
veljeni ei kuollut
homoseksualismiin vaan pysähtyneeseen
sydämeen ja ymmärtämättömyyteen
jesus bleibet meine freude
voileipäkakuille on aina käyttöä

tytär laulaa kirkkoparvella

keula kyntää merta ohi harmajan
hiljaa ja lumoavasti
laulaa ulappa

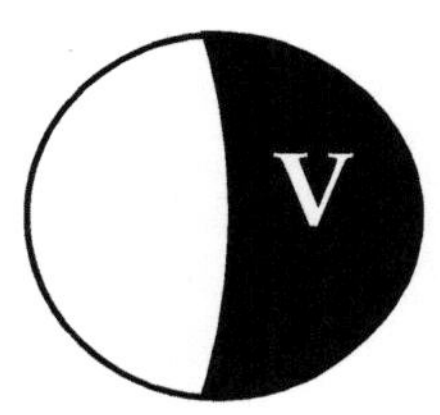

VÄHENEVÄN KUUN AIKA

kuu on kellahtanut yöllä
valkosipulin kynneksi
äidin merkki näkyy aina
kietoutuneena avaruuteen
chagalin puheena kuultuna
jumalten kieltä vailla
tulkintaa kurjen selässä
lensi pohjolan joille
isäni takaisin

kolme neitoa majoittui talooni
yksi jäi olemaan tänään
on kovin sumuista
kun hän menee ulos
naisen ilme on pehmeä
hän katsoo ohitseni taas
luen häntä kuin avointa kirjaa
selaillen vaivatta rivien välistä
takakannesta lähtien
ilman tarvetta alkuun
pääsemisestä

pihlajanmarjat paisuvat jälleen
kuin tiinenä talven ikävässä
tilhet karkeloivat törmäillen
olohuoneen ikkunaan
nuupahtanut leimuviidakko porraspäässä
ikkunanraot täytyy tilkitä
vanhoilla tiedonantajilla ja liimapaperilla
kynttilän liekki värjyy ja nousee jälleen
syreenit pihapiirin kaunottaret
riisuutuvat häveliäästi heittäen
viittansa tuulen kyytiin

hirvet ovat tulleet laiduntamaan
pellon laitaan synkkenevän metsän
kätkössä kuvittelen suden huokaisevan
raskaasti vielä ja miten
sen pennut rakastavatkaan
maidon makua ja emo
pentujaan rakastaa ja
ulvahdellen laulaa
kuono kohti kuuta
kuuleeko kukaan muu

pihan pensaiden lomasta
hahmottuvat melkein
keväällä unohtuneet naapurit
iltaisin hämärä laskeutuu
maisemaksi taloissa ja huoneisiin
sytytetään valot eikä kaihtimia
suljeta kuten siinä kaupungissa
josta tänne taannoin olen eksynyt

ihmiset asettuvat verkkaisesti
istumaan nokakkain
ikkunoiden äärelle
rupattelemaan niitä näitä
tästäkin päivästä ja elämästä
tai pitämään neuvoa huomisen askareista
tai katsovat napakymppiä
tai toisiaan kohtalona tai
kaipauksena

ohrapellon laitaa hiekkatietä
pitkin uusissa saappaissa
espanjavesikoira nuuhkii kaikki
pusikot ja ojanpohjat puhelevat
että metsäkauriita on liikaa
syömme kaiken paitsi liljat ja päivät
kiiruhtavat riistaparven tavoin eilen
kesäkuun lämpimät syksyksi taas
kiirivät yli maiseman
metsästäjien haulikkoinen räiske

kaikenlaiset syystouhut
ovat kanssani tänäänkin
kuin metsänhoitajana
ravistelen puita uudestaan
ja uudestaan kuin runollisesti
olen pehmentynyt suotuisaksi
lyyrisesti unohtamatta kiittää
läheisiä kutsumatta
sitä rakkaudeksi
sen kummallisemmin

vähenevän kuun ajassa
uuden eteisessä kuin lapsuudessa
luonnon uusi oppimäärä on
jo viime vuosikertaa siksi
vanhentunutta viisautta ja matoksi
haavan ja vaahteran lehdet ovat
kattaneet minun kulkea
ulkorakennukseen jota kutsun
ateljeekseni vaikka en ole osannut
aloittaa yhtään maalausta edes
hiililuonnoksena

saunan katon paikkaus
ei etene uusavuttoman
ajankäyttötavoilla olen kirjoittanut
muutaman rivin yhden kerrallaan
luopumisesta ja katsellut
kymmenen vuosisyklin muodon
rivejä silmiä siristäen nähdäkseni
käsivarrenmitan selkeydellä runot
eivät ole kielen muotoa
vaan kielen alkuperää
taiteen alkuperää

en ole lunastanut aikaa
vain pienten kirjainten rytmissä
kiertävän kuun seurakseni
etelän suunnasta tulleena minäkin
ihmisten tavoin tähän asti odottamaan
kun susikin ansaitsee seitsemän vuotta
täyteen häntäänsä täällä
osaamatta lähteä vielä tänään vaikka
luhistuneista unelmista sumeana
aamuna jossakin unohtuneeksi toivomani
tapparat kalisevat ja vihreänharmaa sotilas
ottaa kukkia poimivan tytön
aron punahuivisen poppelin varjossa
joukkohaudan koristeeksi

Sisällys